Silvia Pla Catania
El código secreto de la autosanación (Inicio)©
CATSANASEN. El camino directo.
1ra Edicion - Barcelona - España
34p. ; 21x14,8cm

ISBN - 10: 84-616-9932-7
ISBN - 13: 978-84-616-9932-2
N° REG.: 201437821
F. ENTRADA: 20/05/2014
F. SALIDA: 26/05/2014

Diseño: María Verónica Racca

Corrección: Rosa María Sáez

1ra Edición 2014
Multitext S.L.
Diputación, 113 - 115- 08015 Barcelona. España

Para más información: www.catsanasen.com

EL CÓDIGO SECRETO DE LA AUTOSANACIÓN

Inicio

Por Silvia Pla

ÍNDICE

INTRODUCCIÓN

Durante la creación de mi primer libro "El Código Secreto de la Autosanación", tuve un firme pensamiento de que debería ser de imágenes, comprensible, sencillo, breve y no mental.

Mi intención era que todo el mundo al leerlo lo pudiese utilizar con facilidad, pero me resultaba difícil concretar lo que sentía, por más que suprimía el texto, había temas que no podía evitar incluir, me estaba limitando, me sentía extraña, incomoda. Entonces comprendí que la intranquilidad que tenia, no era por encontrar excesivas explicaciones; sino que en realidad, lo que pujaba en mi interior era el nacimiento de otro libro: libre, independiente, sencillo, silencioso, de imágenes y sensaciones; sólo esto y nada más.

Podía estar al principio, al final o al medio de todo lo que quería escribir en el libro, así que decidí dejar se ubique donde él quisiera.

Así nació "El Código Secreto de la Autosanación, Inicio". Un libro simple, pequeño, directo... ¡Poderoso!

Y su concreción, posicionó al libro anterior como: "El Código Secreto de la Autosanación, Profundización".

Lo cierto es que esta experiencia me confirmó que la energía creativa sabe perfectamente como expresarse y se esfuerza por salir.

Pero muchas veces es uno mismo quien cierra las puertas. Así que no se trataba de comprimir, se trataba de expandir.

Fue un gran alivio para mí cuando tomé la decisión de hacer otro libro que se exprese por sí mismo, este es un libro para sentir y experimentar, para que comiences a vivir desde tu hemisferio derecho.

Hace años que maestros espirituales de distintas culturas nos vienen ofreciendo una forma de vivir diferente, con más conciencia, libertad, amor, salud...

Sin embargo, los seres humanos escapamos a esta toma de conciencia, a la responsabilidad de nuestra vida y de nuestra salud, lo hemos dejado en manos de las farmacéuticas, de médicos que olvidaron la verdadera esencia de su profesión, de políticos que sólo pensaron en enriquecerse y religiones que lo que han hecho es anular la luz interior que cada ser humano posee, y convertirlos en zombis.

Deseo pedirte que no pierdas más el tiempo, aprovecha de verdad la información que se ofrece en este simple libro.

Confía todo lo que aquí ves lo he probado y funciona, a mi misma me ha llevado un tiempo creerlo, llegué a pensar: ¿por qué recibo esta información? ¿Por que esta es mis manos acercar esto a la gente? corriendo el riesgo de que nadie me crea.

Sin embargo, lo que si puedo asegurarte y también tu mismo puedes comprobar es que el mundo que nos hicieron creer se esta cayendo, ya no funciona, de hecho nunca funcionó.

Puede parecerte que en este libro se tratan simples imágenes que hacen alusión a meditaciones conocidas, trabajos con energía etc., e incluso puedes llegar a sentir que la materia y el cuerpo no tienen nada que ver con esto.

Sólo te diré que muchos átomos forman la materia, de hecho tu cuerpo esta formado por átomos y todos sabemos esto. Los átomos forman moléculas. Los huesos, los tejidos, las células, todo en tu cuerpo esta formado por estas moléculas.

Y sabes qué hay dentro de un átomo? Energía.

O sea que toda la composición material y tan sólida que ves en ti y en tu entorno esta dada por agrupaciones de moléculas, que están formadas por átomos, que están hechos de energía.

La base principal que sustenta el sistema de lectura y la sanación que te propongo en este libro es que desde un lugar neutral en tu mente, vacío despejado, sin deseo de controlar, elijas unas figuras y las coloques visualmente con una fuerte y muy firme intención en el lugar, que tú creas que hace falta, en tu cuerpo. Nada más.

Permite que tu intuición actúe.

Tu mente no lo sabe y esta confusa, pero tu intuición sabe exactamente donde debe ir y que hacer, es una sensación de certeza, pero que no lo consideras como tal, sino que sientes que no sabes por qué pero lo elegirías o harías tal o cual cosa, simplemente sabes que debes hacerlo así y nada más.

En esta sensación es en la que debes confiar.

Cuando te veas eligiendo una imagen y pienses: qué bonita, no me gusta o qué rara, etc. Será tu mente la que habla.

Sólo es necesario, silencio mental y sentir cuál figura te llama.

En libro "El Código Secreto de la Autosanación, Profundización" encontraras más explicación y desarrollo en cada uno de los temas que aborda.

Se amplía la información sobre los distintos aspectos de la mente, los pensamientos y las creencias, en el también encontrarás un poco de historia sobre mi y de cómo nace toda esta terapia, pero no mucho más, porque siempre sigue siendo lo primordial el sentir y el experimentar. No sería correcto decirte lo que debes sentir, y cuanto más te explique menos experimentarás.

Son libros del hemisferio derecho, y necesitas comprenderlo desde ahí.

La nueva era hacia la cual se dirige la humanidad, es la era del sentir y vivir otras dimensiones.

Racionalizar y desear que te expliquen todo, te mantendrá atado a una antigua forma que tu mente utilizaba para adquirir conocimientos.

Sólo te propongo que juntos reeduquemos al cerebro, y que esta nueva información que te llega, ingrese en tu mente a través de las imágenes sin analizar.

CATSANASEN
nace de la Flor de la Vida

CAPÍTULO 1
CONEXIÓN CON UNO MISMO

Conectar con los demás e interrelacionarnos puede ser tarea fácil para algunos y muy difícil para otros; lo mismo ocurre a la hora de intentar conectar con uno mismo, algunas veces cuesta más.

Para conectar con uno mismo se necesita un interés genuino en conocernos, tiempo y la capacidad de saltar nuestras propias barreras mentales.

Cualquier proceso terapéutico o de coaching tiene como prioridad ayudarte a que accedas a un mayor conocimiento de ti mismo. También existen otros métodos para hacerlo: la meditación.

Pero muchas veces la mente va tan acelerada que necesita ser abordada desde un lugar que te permita entrar más fácil y directamente, no puedes pretender que tu mente obedezca y se convierta a la meditación y serenidad de un momento a otro.

Todos los sistemas hasta hoy usados requieren mucho tiempo y dedicación.

Porque se ha intentado abordar la mente desde el hemisferio izquierdo y esto relentece el proceso.

Lo que te propongo con mi método es que entres a lo profundo de tu mente y de tu ser desde el hemisferio derecho.

El hemisferio derecho te permitirá expresar, sentir, vibrar, y fluir con la energía femenina de la creación misma.

Co-crear con el universo de forma cuántica y espiritual para vivir tu nueva realidad material.

GUÍA DE INICIO

Esta es una simple guía, para entrar en un estado de mayor conexión contigo mismo.

Te recomiendo que apliques de forma cotidiana esta guía hasta que la tengas incorporada de forma permanente, te ayudará a estar en armonía con tu mente, y en cualquier momento que necesites escoger una figura lo puedas hacer de forma espontánea.

Si ya tienes tu propia forma de conectar. ¡Perfecto! Será mejor para ti hacerlo a tu manera.

1ª PASO

Siéntate de forma cómoda y en un lugar agradable para ti.
Respira lento, profundo y suelta.
Permanece en silencio interior.

2ª PASO

Visualiza una luz que baja desde lo alto, desde el cosmos, y poco a poco va entrando por tu cabeza y comienza a inundar tu hemisferio derecho, luego el izquierdo, el centro del cerebro; sigue bajando y sigue bajando por la médula llegando al sacro, al coxis; sale por las caderas, y sigue por las piernas, sigue bajando... y sale por las plantas de los pies. (Fig.1)

Ayuda
(En caso de que no puedas concentrarte)
Visualiza una esfera de energía blanca o azul, del tamaño de una pelota de golf, imagina que entra por tu cabeza, introdúcela dentro de tu cerebro, bien en el centro e imagina que se expande y no hay lugar para ningún pensamiento solo luz, blanca o azul. Asegúrate de ver claramente que el cerebro, la masa gris que todos conocemos se encuentra dentro de esta esfera. Y también dentro de esta masa gris hay color, blanco o azul. Penetra y rodea todo el cerebro.

ACTIVANDO EL HEMISFERIO DERECHO Y RECONECTÁNDOLO CON EL IZQUIERDO

Después de bajar esta luz y de llevarla por todo el cuerpo, vamos a volver a conectar con esta luz, pero esta vez, centrándola en el cerebro.

Primero ilumina todo el hemisferio derecho e imagina como esta luz se vierte lentamente al centro del cerebro como una ola de luz que lentamente traspasa el centro y comienza a inundar el izquierdo, observa como se distribuye de arriba abajo, y desde abajo hacia arriba.

Es importante dar la orden y hacer la visualización de ver como entra la luz conjuntamente con la firme intención:

De arriba abajo, de abajo hacia arriba y de izquierda a derecha, de derecha a izquierda de adelante atrás y de atrás adelante, mientras visualizas con firme intención la interconexión de las zonas y la luz. (Fig.2)

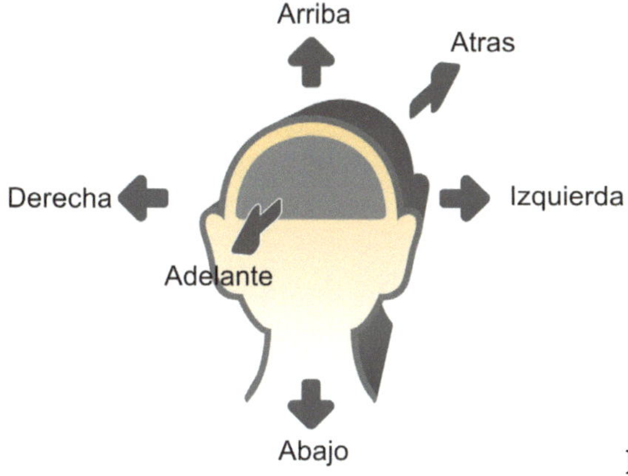

Fig. 2

MIRADA TRIDIMENSIONAL

Es importante que ejercites tus ojos y su musculatura, como también el cerebro, para que esta nueva forma de ver la vida comience a resultarle conocida a tu mente y la acepte.

Las figuras geométricas y la aplicación en tu cuerpo requieren una mirada multidimensional, todos tenemos esta habilidad, pero lo hemos olvidado, lo que provoca que nuestros ojos sólo miren de una manera y que nuestro cerebro sólo comprenda un plano.

EJERCICIOS PARA AGILIZAR LA MIRADA

- Coloca el dedo índice de una mano a unos 15 cm de distancia de los ojos.
- Observarás que lo ves doble o que puedes ver a través de él, si te fijas en algún objeto que hay detrás del dedo.

EJERCICIOS OCULARES:
MOVILIZAR LA MUSCULATURA OCULAR

- Mira arriba, abajo, a la izquierda y a la derecha.
- Rota los ojos en el sentido de las agujas del reloj.
- Mira a lo lejos, al horizonte.
  (Recorre con la mirada todo tu alrededor sin fijarla en nada específico.)
- Fija la mirada en algún detalle delante de ti.
- Enfoca y desenfoca con tu mirada el objeto.

CAPÍTULO 2
GEOMETRÍA SAGRADA. RECONOCIMIENTO VISUAL.

Todo en el universo es geométrico, cualquier cosa en el universo puede ser medido en escala geométrica. Antiguas civilizaciones sabían que hay un entendimiento básico más profundo del universo, un patrón de todo lo que hay en existencia, incluso las cosas intangibles como las emociones, los pensamientos y la música.
Estas simples figuras son códigos de información, son los que escriben el origen de todo lo que ves.
Es el software de la naturaleza y de toda la existencia.

El conjunto de estas figuras se denominan: Los sólidos de Platón. (Fig.3) Platón fue quien más utilizó estas figuras en aquella época.
Estas figuras pertenecen a conocimientos antiguos y sagrados que han sido guardados y ocultados, y que hoy son revelados para que todos podamos vivir mejor.
Encontrarás más información sobre geometría sagrada y sobre mi canalización en el segundo libro: "El Código Secreto de la Autosanación, Profundización".

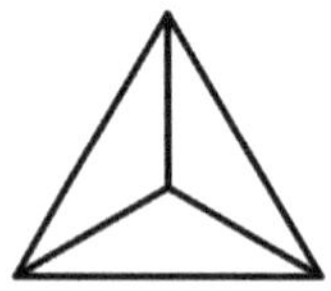

Tetraedro: fuego

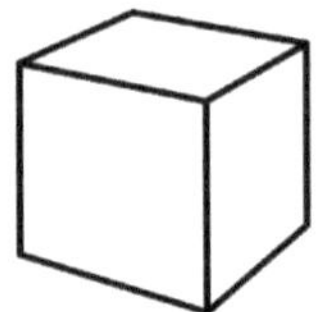

Exaedro: tierra

Octaedro: viento

Icosaedro: agua

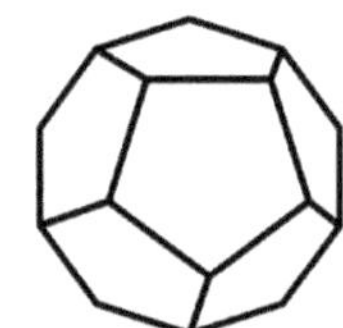

Dodecaedro: éter

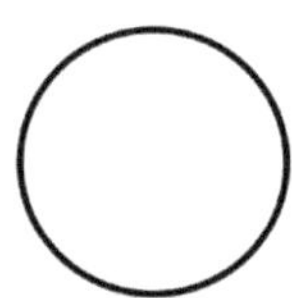

Esfera: vacío

Espiral: energía en movimiento

Fig. 3

CAPÍTULO 3
ATRACCIÓN, INTUICIÓN Y ELECCIÓN

Ahora sólo contempla las imágenes, deja que la misma geometría te llame, permite que la vibración de la figura haga que tus ojos la miren, y que tu cerebro simplemente sienta esa sensación de certeza... Que dice: no sé porque, pero esta figura me llama.

No racionalices nada, olvídate de mirar si una figura es más bonita que otra, o más compleja, sencilla, o si realmente funciona? Olvida todo este parloteo, dudas y confusiones... Todo esto es tu ego, tu mente, tu hemisferio izquierdo queriendo controlarlo.

Ayuda

- *Si es necesario vuelve a imaginar la bola de energía blanca que se expande dentro de tu cerebro.*

- *Cuando seleccionas sin pensar, sin analizar, cuando te dejas llevar sólo porque hay algo que te llama, y sientes que de todas las imágenes que ves hay una que sobresale como si quisiera salirse de la hoja de papel, esa es tu intuición comunicándose contigo para hacer que escojas lo correcto para ti.*

Mira las figuras geométricas, imagina que entras tú con todos tus cuerpos (Fig.6) dentro de la figura que has seleccionado. (Fig.4)

Permite que tu mente pueda imaginar libremente, es importante que te veas y te sientas dentro de la figura.

Puede ser que las imágenes las veas en color, o tengas el deseo que sean de algún color en especial o simplemente en negro, concédetelo.

También permite, que tu mente vea la posibilidad de que la figura pueda girar estando tu dentro. Si sientes la necesidad de que la figura gire, hazlo, no te limites.

Puede ser en todas las direcciones: de arriba abajo, de derecha a izquierda, de abajo hacia arriba, o de izquierda a derecha.

Si te atrae más de una figura, también será perfecto.

Simplemente coloca una figura dentro de la otra, y tu en el interior, igual que esas muñecas rusas que van una dentro de la otra.

Sería así: tu y todos tus cuerpos + figura + figura. (Fig.5)

Y puedes colocar más figuras, si lo sientes necesario. (Fig.7)

Fig. 4

Fig. 5

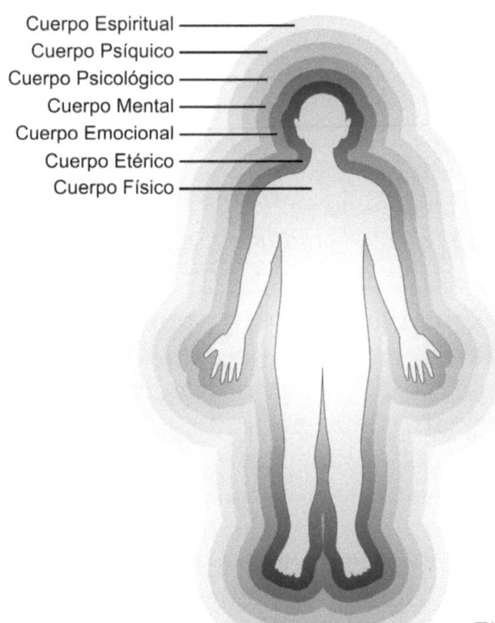

Fig. 6

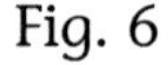

Fig. 7

CAPÍTULO 4
LA ESFERA

La esfera es considerada la madre de los cuerpos platónicos, simboliza el vacío, y al mismo tiempo lo contiene todo. Es la forma femenina más importante.

El trabajo con la esfera es un capítulo muy especial, corresponde al resumen de una canalización que recibí mucho antes de la canalización del trabajo con la geometría sagrada.

¡Dedícale un tiempo especial!

Cuando sentimos dolor sabemos que es en el cuerpo físico. ¿Pero cómo hacemos para identificar un dolor en el cuerpo emocional, psicológico, psíquico o espiritual?

Es muy importante que estos niveles los imagines alrededor de tu cuerpo; así a la hora de aplicar la esfera lo haces lo más certero posible.

Tu mente es poderosa, utilízala bien.

Pon tu fuerza en esto.

APLICACIÓN:

1- Déjate guiar por la imagen del cuerpo humano y sus distintos niveles energéticos. Te servirá de guía la Figura 6.

2- Observa la lista de los distintos niveles, con su correspondiente esfera, que verás a continuación, te sentirás más atraído por algún nivel que otro; lee la oración y visualiza los niveles en tu cuerpo y

pon la esfera correspondiente. Deja libre tu imaginación. Ej.: para el nivel psíquico utiliza la esfera de color amarillo que recorre el nivel psíquico y al mismo tiempo verbaliza la oración: "Esfera de energía curativa amarilla; limpia, sana y da energía". (Fig.8)

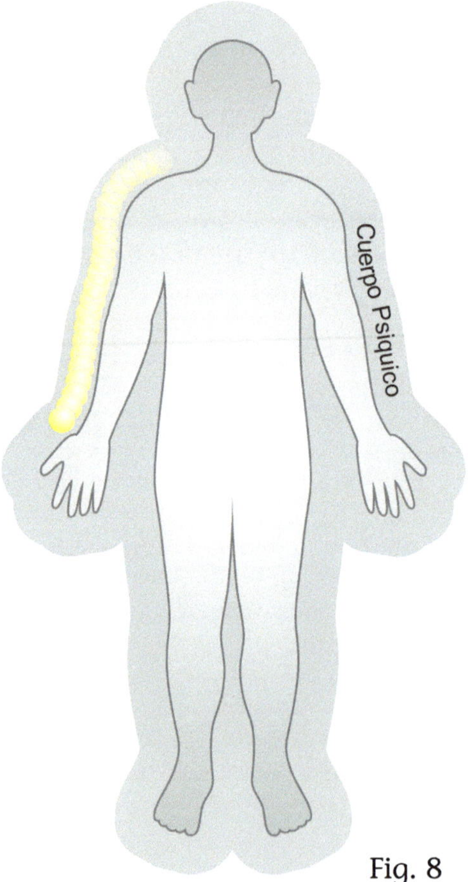

Fig. 8

3- No analices, recuerda que esta es una sanación desde la intuición y ella sabe exactamente lo que necesitas.

4- No tienen un orden especial, sólo es una forma de darles orden en esta lista.

LISTA DE NIVELES CON SU CORRESPONDIENTE ESFERA

1- Para nivel psíquico:
Esfera de energía curativa amarilla; limpia, sana y da energía.

2- Para nivel emocional, psicológico y físico:
Esfera de energía curativa blanca; limpia, sana, equilibra y enlaza.

3- Para nivel físico y psicológico:
Esfera curativa de energía violeta; limpia, transmuta y reconecta.

4- Para nivel espiritual:
Esfera curativa de energía dorada; limpia, elimina, y sana.

5- Para nivel psíquico y psicológico:
Esferas curativas de energía verde; renace, sana y florece.

6- Para nivel mental, emocional, físico (sistema nervioso central, sistemas nervioso simpático y parasimpático, sistema nervioso entérico, sistema linfático, sistema circulatorio, sistema energético):
Esferas de energía curativa azul; refresca, penetra y revierte.

7- Para nivel emocional, físico (corazón) y espiritual:
Esferas de energía rosada que amorosamente; limpia, elimina, sana y desenkarna.

8- Para niveles físico y psicológico:
Esferas de energía rojo rubí; restablece, sana y fortalece.

9- Para niveles espiritual y mental:
Esfera curativa de energía turquesa, despeja, sana y refuerza.

10- Para niveles psíquico, psicológico, mental, emocional, espiritual y físico: Esferas curativas de energía naranja, dan fuerza y esperanza, estimula la aceptación y la gracia.

11- Para nivel cuántico; de energía a materia y de materia a energía, hacia otras dimensiones, lugares desconocidos, agujeros negros, materia oscura, energía oscura, limpiar la red de redes:
Esferas de energía curativa doradas y todas la necesarias (dejar que la intuición guie). Despejan, sanan y restauran.

12- Armonizar lugares:
Esferas de energía curativa blanca y visualiza en el interior de la esfera. El Om. Armonía en el interior y el exterior. Visualiza en tu cuerpo y en los lugares que quieras limpiar.

CAPÍTULO 5
GEOMETRÍA Y COLOR EN CHAKRAS

Chakra quiere decir rueda en sánscrito. Son centros de energía que reciben, regulan y distribuyen el prana, o la energía que fluye por nuestros cuerpos sutiles a través de nuestros canales energéticos.
Estos centros se extienden en forma de remolinos por el campo energético que rodea el cuerpo físico y está compuesto por capas sucesivas de energía que vibran a frecuencias cada vez más elevadas. Cada uno de los chakras tiene una parte frontal y una parte posterior, excepto el primero y el séptimo. Todos ellos están unidos por un canal energético que corre a lo largo de toda la espina dorsal.

La función principal de los chakras son: revitalizar cada cuerpo aural o energético y con ello el cuerpo físico; provocar el desarrollo de distintos aspectos de la autoconciencia, pues cada chakra está relacionado con una función psicológica específica. (Fig.9)

PRIMER CHAKRA: coxis.
SEGUNDO CHAKRA: centro púbico/sacro.
TERCERO CHAKRA: plexo solar.
CUARTO CHAKRA: centro del corazón.
QUINTO FRONTAL: centro de la garganta.
SEXTO CHAKRA: centro de la frente.
SÉPTIMO CHAKRA: Centro de corona.

Todos tus sentidos, todas tus percepciones, todos tus posibles estados de conciencia cualquier cosa que pudieras experimentar puede dividirse en siete categorías. Cada categoría puede asociarse a un chakra en concreto. Los chakras no sólo representan parte del cuerpo físico sino también zonas concretas de tu conciencia.
Los traumas emocionales generan bloqueos energéticos provocando una disfunción o disminución del funcionamiento de los chakras. Este método te permite limpiarlos y desbloquearlos de forma inmediata armonizándolos en su frecuencia vibratoria.

APLICACIÓN:

1- Siéntate de forma cómoda y en un lugar agradable para ti. También puedes hacerlo acostado. Respira lento, profundo y suelta. Permanece en silencio interior.

2- Visualiza la zona del chakra, siempre puedes testear a través de tu intuición el chakra afectado.

3- Coloca visualmente la figura geométrica que trabaja en ese chakra. Con tu mente la creas e imaginas que la traes hasta ti y la posicionas en el lugar que muestra la Fig. 10.

4- Deja que trabaje energéticamente desprendiendo las memorias traumáticas que puedan estar bloqueando el chakra.

5- Mantente sereno y relajado, posiblemente tengas sensaciones o imágenes, no te preocupes déjalo salir, sólo siente.

También es posible que durante unos días te sucedan situaciones movilizantes, te servirá recordar que has estado moviendo energía, por lo que es importante no asustarse y no reaccionar, solamente dejar que pase y que todo vuelva a su lugar.

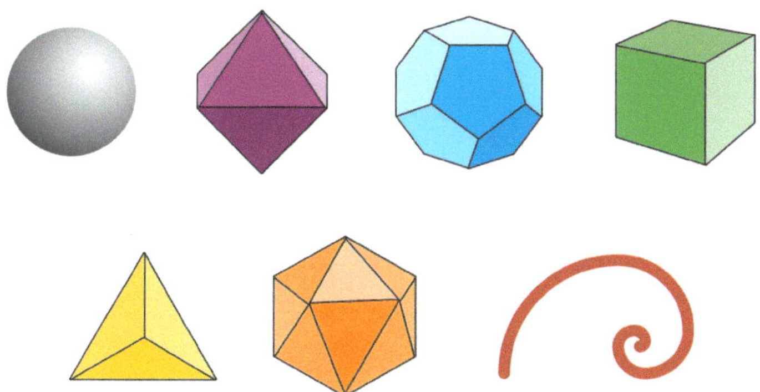

7mo Chacra Corona
6to Chacra Tercer ojo
5to Chacra Garganta
4to Chacra Corazón
3to Chacra Plexo solar
2to Chacra Sacro
1to Chacra Raíz
Cuerpo Espiritual
Cuerpo Psíquico
Cuerpo Psicológico
Cuerpo Mental
Cuerpo Emocional
Cuerpo Etéreo
Cuerpo Físico

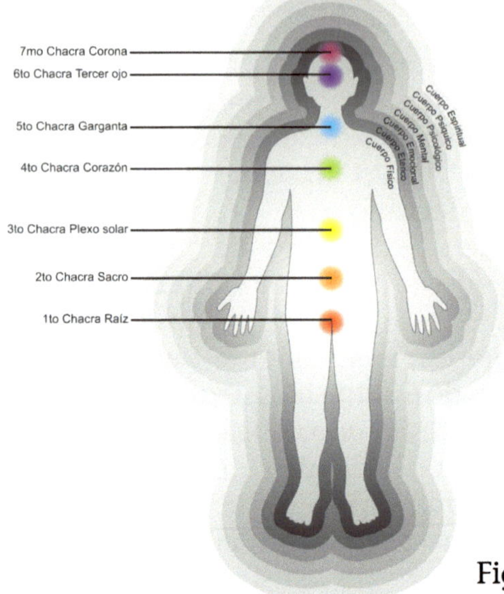

Fig. 9

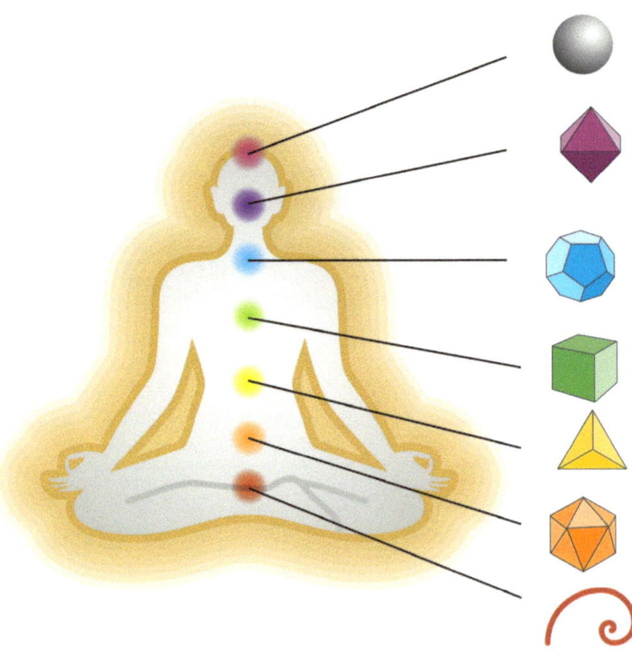

Fig. 10

CAPÍTULO 6
ESPIRAL

El espiral es energía en movimiento, limpia y remueve. Sirve para pasar a la acción.

La he utilizado generalmente como base para limpiar y generar movimiento.

Todo se mueve en espiral.

La energía circula en espiral.

APLICACIÓN:

1- Siéntate de forma cómoda y en un lugar agradable para ti. También puedes hacerlo acostado. Respira lento, profundo y suelta. Permanece en silencio interior.

2- Permite que la espiral gire en el sentido de las agujas del reloj, abriéndose de adentro hacia fuera. También puedes colocar la espiral en los pies, y hacerla subir visualmente de los pies hacia arriba, si lo que necesitas es fuerza desde la tierra, visualiza la Figura 11.

3- Si necesitas limpiar tu cuerpo has la espiral de color violeta desde los pies hacia arriba. O bien si necesitas descargar energías molestas, oscuras o negativas, permite que la espiral descienda desde tu interior y a través de tus pies hacia la tierra. (Fig.12)

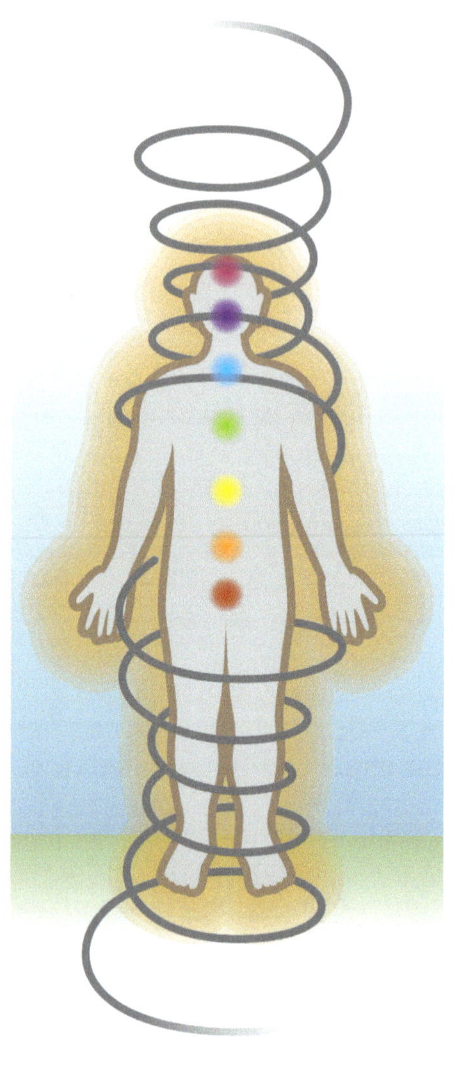

Fig. 11

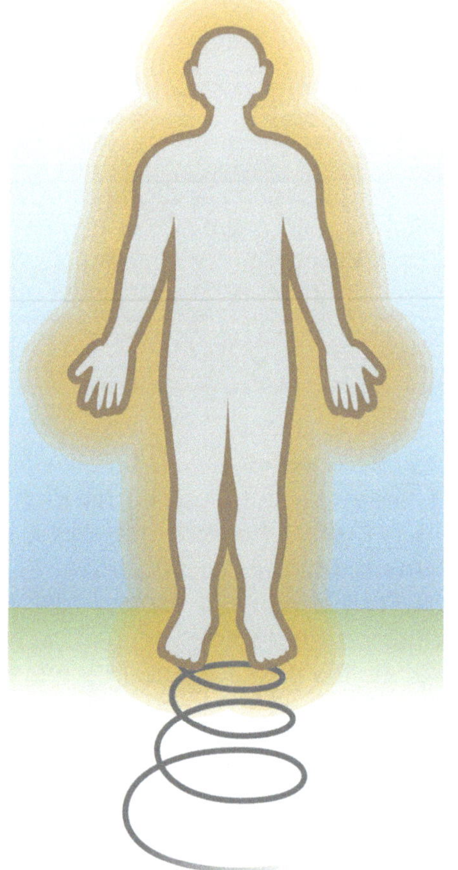

Fig. 12

CAPÍTULO 7
LOS NIVELES Y LAS FIGURAS GEOMETRICAS.

Este libro pretende orientarte a utilizar la geometría tal como yo lo he canalizado, (Fig.13) pero tu puedes hacer tus propias modificaciones.

Lo más importante de todo esto, es que sepas que con tu mente lo puedes hacer, no es necesario que nadie te lo haga. El efecto será acorde a tu concentración y decisión de entrega. Supera cualquier máquina que actualmente existe en el mercado y que es utilizada con el mismo fin de sanación y geometría.

Todo lo he experimentado conmigo misma, y luego con mis pacientes.

¡Funciona! Recuerda poner una intención firme en todo.

Mi deseo es que seas libre.

Ten en cuenta que se pueden necesitar más figuras, o bien depende del caso que quieras sanar, elegirás una u otra.

Todo es con tu intuición, recuérdalo.

No debes preocuparte por si está bien o no, tu intuición te guiará, confía.

Importante

Para una mejor utilización de este sistema de sanación, te recomiendo que te centres y te hagas a ti mismo las siguientes preguntas:

Formula la pregunta que tienes a continuación y comienza a sentir la respuesta que viene desde tu intuición.

¿Cuál de las figuras que estas viendo te llama más la atención?

¿En qué parte de tu cuerpo la colocarías?

¿Prefieres entrar en la figura con todo tu cuerpo?

¿Ves o imaginas la figura en algún color en particular?

Una Guía

Puede ser útil para ti imaginar la figura que has escogido de tu tamaño corporal y tú dentro de la misma. O también puedes imaginar millones de pequeñas figuras de las que has escogido recorriendo tu cuerpo.

Tu intuición construirá la forma más acertada para ti.

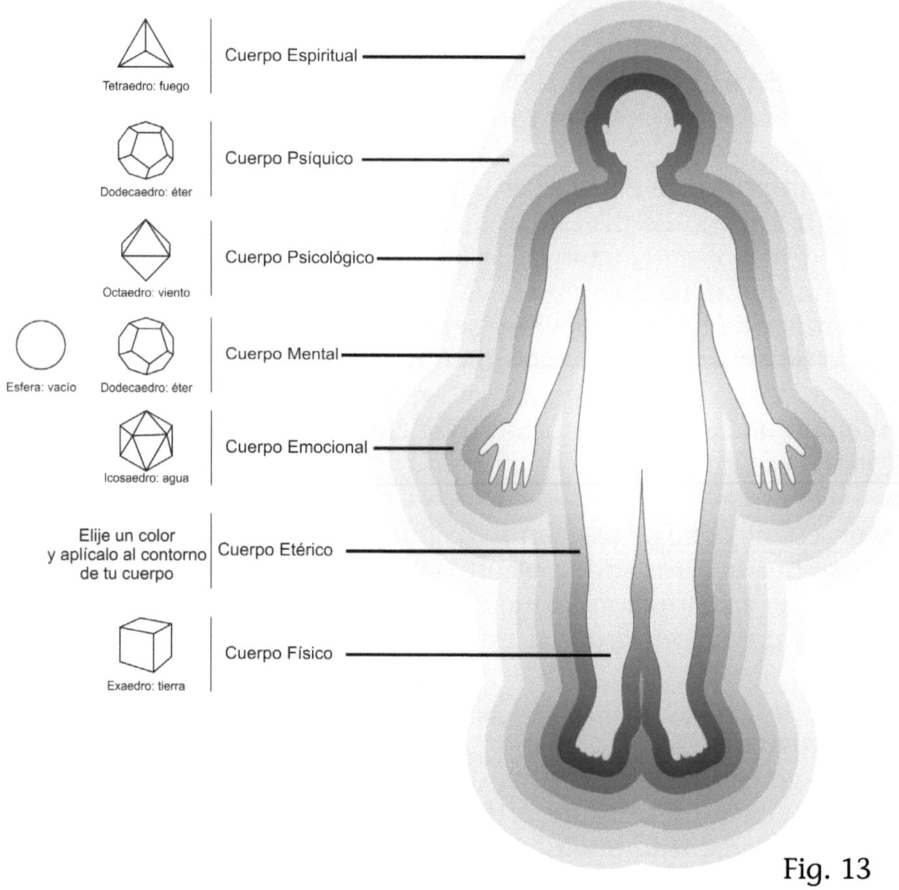

Fig. 13

Ayuda

Esta es una guía general para que tengas una base, pero siempre puedes tener tu propia experiencia desde tu intuición.

En el caso del cuerpo mental he comprobado que algunas veces se necesita la esfera para literalmente generar un vacío y eliminar el exceso de pensamientos y en otras ocasiones se necesita el dodecaedro que te ayude a elevar la vibración. Te recomiendo que vayas probando y anotando todas tus sensaciones.

GUÍA PARA LA LIMPIEZA DE TUS CUERPOS

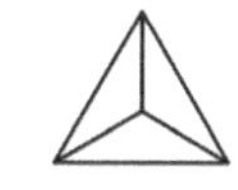

Tetraedro: fuego

Para tu CUERPO ESPIRITUAL el tetraedro.

Dodecaedro: éter

Para tu CUERPO PSÍQUICO el dodecaedro.

Octaedro: viento

Para tu CUERPO PSICOLÓGICO el octaedro.

Dodecaedro: éter   Esfera: vacío

Para tu CUERPO MENTAL el dodecaedro o la esfera. También puedes visualizar el dodecaedro dentro de la esfera.

Icosaedro: agua

Para limpiar tu CUERPO EMOCIONAL puedes utilizar el icosaedro.

Para tu CUERPO ETERICO deja que tu intuición te guíe respecto al color y aplícalo al contorno de tu cuerpo.

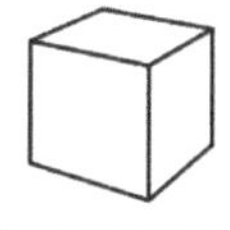

Exaedro: tierra

Para tu CUERPO FÍSICO el exaedro.

CAPÍTULO 8
ESTRELLA TETRAEDRICA MER-KA-BA

La estrella tetraédrica está formada por dos tetraedros invertidos que giran en contra rotación, es decir el tetraedro inferior gira en dirección a las agujas del reloj y el superior en dirección opuesta.
Visualizar esta estrella generara en ti la elevación de la frecuencia vibratoria de tus átomos, por ahora sólo es necesario que la visualices tal cual la ves y nada más.
En el siguiente libro podrás encontrar información más profunda sobre el tema.

Es importante que comiences a familiarizarte con la estrella tetraédrica.
Únicamente obsérvate dentro de la estrella.
Nada más.
Las imágenes te mostraran, la estrella correspondiente según si eres mujer o si eres hombre.
Sólo mírala e imagina que tu estas dentro.
Permite que gire.

Fig. 14

Visualiza tu MER-KA -BA tu estrella tetraédrica.
Si es posible, aplica esta imagen cada día.

Fig. 15

Tu, con tu estrella tetraédrica personal
dentro de un dodecaedro y un icosaedro.
Tu malla crística.

CAPÍTULO 9
ALGUNAS OBSERVACIONES INTERESANTES:

Lee este libro de imágenes y aplícalas en ti, dedica un tiempo prudente a cada imagen que elijas.

Asegúrate de sentir cuándo comenzar y cuándo dejar de aplicarla. La intuición te lo dirá.

Todo lo que hasta hoy se ha ofrecido en geometría sagrada a sido tratado desde el hemisferio izquierdo, con este nuevo enfoque la sanación es más directa, efectiva y liberadora.

Es recomendable asistir a los talleres que se ofrecen con la temática de este libro basado en el método de catsanasen para una mayor profundización y comprensión.

Puedes sentarte cinco minutos y aplicar la figura geométrica para trabajar un punto específico en tu cuerpo.

Puedes estar realizando alguna tarea en casa y visualizarte dentro de alguna figura.

-No te recomiendo que lo hagas mientras conduces-

Puedes aplicarlo en otras personas incluso niños y bebes.

Puedes aplicarlo en casas, plantas y animales y también en alimentos que estés por ingerir, incluso al agua.

Anota las sensaciones, emociones o situaciones que vivas ese día.

Ten presente que estas imágenes son parte de ti, de tu origen, son tu molde de creación y es posible que al conectar con ellas te sientas un poco removido.

Es energía sutil pero no por eso menos poderosa.

Esta energía entrara en ti y te removerá. Elevará la frecuencia vibratoria en ti, en tus átomos, moléculas, células... Y comenzarás a tener nuevas sensaciones.

Este libro te preparará para el próximo libro, con el que podrás trabajarte más a fondo y poder conectar con tu cristo interno, o tu guía de luz interior.

Todo este sistema tiene un fin, y se te irá ofreciendo poco a poco para que puedas incorporarlo, hasta llegar a ti; a tu ser interno y a tu verdad. Y llegarás, te lo aseguro.

CAPÍTULO 10

Frase del corazón para que tú mente repita y se inspire:

Despliega las alas
de tu verdadero ser
es momento de cambiar
y avanzar confia,
cree en ti.

Silvia Pla.